Entfesseln Sie die Macht des Web3: Ein Einsteigerhandbuch für Nicht-Techniker!

Ralph Kuepper

Copyright © 2023 Ralph Kuepper

All rights reserved.

CONTENTS

Table of Contents

Einführung ... 1

Einführung in web3 ... 3

Die Probleme mit dem heutigen Internet ... 6

Dezentralisierung ... 9

Datenschutz im web3 ... 13

Widerstand gegen Zensur ... 16

Vertrauen und Sicherheit ... 19

Wirtschaftliches Stärkung ... 22

Dezentrale Anwendungen ... 25

Die Zukunft des Web3 ... 29

Investitionsmöglichkeiten ... 32

Technische Aspekte von web3 ... 37

web3 Probleme und Risiken ... 41

Schlussfolgerung ... 44

EINFÜHRUNG

Einführung

Web3 ist eine dezentralisierte Technologie, die das Internet, wie wir es kennen, umgestaltet. Es handelt sich um eine neue und verbesserte Version des Internets, die den Nutzern eine größere Kontrolle über ihre Daten und Online-Identitäten bietet, Vermittler ausschaltet und eine sicherere und gerechtere Online-Umgebung fördert. In diesem Buch wird sich mit den verschiedenen Aspekten des web3 und der zugrundeliegenden Technologie befassen, einschließlich Blockchain, Kryptographie und Konsensalgorithmen. Wir werden die Vorteile der Dezentralisierung, den Schutz der Privatsphäre der Nutzer, den Widerstand gegen Zensur, Vertrauen und Sicherheit, die wirtschaftliche Ermächtigung und die Zukunft von web3 untersuchen. Darüber hinaus werden wir die potenziellen Investitionsmöglichkeiten in web3 und die aufregenden neuen dezentralen Anwendungen, die auf dieser revolutionären Plattform aufgebaut sind, untersuchen. Schließlich werden wir uns mit den Herausforderungen und potenziellen Nachteilen der dezentralen Technologie befassen und die mit dem web3 verbundenen Risiken kritisch analysieren. Egal, ob Sie Anfänger oder erfahrener Profi sind, diess Buch bietet einen umfassenden Überblick über die spannende Welt des web3 und sein Potenzial für die Zukunft des Internets.

Wie kann man dieses Buch

lesen?

Dieses Buch besteht aus eigenständigen Kapiteln, die zusammen oder separat gelesen werden können. Jedes Kapitel befasst sich mit einem Thema, das für das Verständnis von web3 relevant ist, und ist knapp gehalten, während es alle relevanten Fragen behandelt.

EINFÜHRUNG IN WEB3

Einführung in web3

Das Internet hat die Art und Weise revolutioniert, wie wir kommunizieren, auf Informationen zugreifen und Geschäfte tätigen. Doch trotz seiner vielen Vorteile steht das heutige Internet vor mehreren Herausforderungen, die sein Potenzial begrenzen und sein Wachstum behindern. Eines der drängendsten Probleme ist die Zentralisierung, die einigen wenigen großen Unternehmen die Kontrolle über den Großteil der Inhalte und Daten des Internets gibt. Diese Zentralisierung hat zu verschiedenen Datenschutz- und Sicherheitsproblemen, zu Zensur und zur Einschränkung des Zugangs zu Informationen geführt.

Web3 stellt die nächste Generation des Internets dar, die auf dezentraler Technologie aufbaut. Es gibt den Nutzern die Kontrolle über ihre Online-Präsenz und ihre Daten. Dieser Wechsel von der zentralisierten Architektur des derzeitigen Internets zu einer dezentralisierten ist von entscheidender Bedeutung, da er Lösungen für viele der dringendsten Probleme des derzeitigen Internets bietet.

In diesem Kapitel werden wir die Grundlagen der dezentralen Technologie vorstellen und erklären, wie sich web3 vom derzeitigen Internet unterscheidet. Wir werden auch die potenziellen Auswirkungen des web3 auf verschiedene Aspekte der Gesellschaft und die Möglichkeiten untersuchen, die es für ein offeneres, sichereres und vertrauenswürdigeres Internet bietet.

Was ist dezentralisierte Technologie?

Unter dezentraler Technologie versteht man eine Netzarchitektur, bei der Daten und Verarbeitungsleistung auf mehrere Knoten verteilt sind und nicht von einer zentralen Behörde kontrolliert werden. In einem dezentralen Netz spielt jeder Knoten eine gleichberechtigte Rolle bei der Wartung und Aktualisierung des Netzes. Folglich gibt es keinen einzigen Ausfallpunkt.

Das bekannteste Beispiel einer dezentralen Technologie ist die Blockchain. Dieses verteilte Register zeichnet Transaktionen sicher und transparent auf. Ein Blockchain-Netzwerk wird von einem Netzwerk von Knoten verwaltet, und sobald ein Block zur Kette hinzugefügt wird, kann er nicht mehr geändert oder gelöscht werden. Dadurch eignen sich Blockchains ideal für Anwendungen, bei denen Vertrauen und Sicherheit an erster Stelle stehen, wie z. B. bei digitalen Währungen und anderen Finanzanwendungen.

Die dezentrale Technologie hat auch das Potenzial, in anderen Bereichen eingesetzt zu werden, wie z. B. im Internet, wo sie eine sicherere und vertrauenswürdigere Plattform für Kommunikation, Handel und Informationsaustausch bieten kann.

Was ist web3?

Web3 bezieht sich auf die nächste Internetgeneration, die auf dezentraler Technologie basiert. Es gibt den Nutzern die Kontrolle über ihre Online-Präsenz und ihre Daten. Im Gegensatz zum derzeitigen Internet, das von einigen wenigen großen Unternehmen kontrolliert wird, ist web3 ein dezentrales Netzwerk, in dem die Nutzer ihre Online-Identität, ihre Daten und ihr Vermögen kontrollieren können.

Web3 ermöglicht auch neue dezentralisierte Anwendungen (dapps), die auf dem Netzwerk laufen können und den Nutzern mehr Kontrolle über ihr Online-Erlebnis geben. In web3 können die Nutzer zum Beispiel ihre Daten besitzen und kontrollieren und haben die Möglichkeit, sie zu Geld zu machen, indem sie sie an Unternehmen verkaufen, die sie benötigen.

Einer der wichtigsten Vorteile von web3 ist, dass es eine sicherere und vertrauenswürdigere Plattform für Transaktionen und den Informationsaustausch bietet. Die dezentrale Technologie macht Zwischenhändler überflüssig und verringert das Risiko zentraler Schwachstellen, die häufig Ziel von Hackern und Cyberkriminellen sind.

* * *

Die Auswirkungen von web3

Die Auswirkungen von web3 sind weitreichend und können die Art und Weise verändern, wie wir mit dem Internet und untereinander interagieren. Der Wechsel von einer zentralisierten zu einer dezentralisierten Architektur wird die Machtdynamik des Internets verändern und den Nutzern die Kontrolle über ihre Online-Präsenz und ihre Daten geben. Dies kann die Art und Weise revolutionieren, wie wir unsere Privatsphäre und unsere persönlichen Daten schützen und auf sie zugreifen und sie mit anderen teilen. Mit Hilfe dezentraler Technologie und Verschlüsselungsalgorithmen bietet web3 eine sicherere und datenschutzfreundlichere Plattform, auf der die Nutzer ihre Daten vor Drittunternehmen und Cyberkriminellen schützen können. Darüber hinaus ist web3 zensurresistent und bietet eine Plattform für die freie Meinungsäußerung und den Austausch von Ideen, selbst in Umgebungen, in denen Zensur vorherrschend ist. web3 hat auch das Potenzial, den Einzelnen zu stärken, indem es neue wirtschaftliche Möglichkeiten durch dezentrale Anwendungen und die Schaffung digitaler Vermögenswerte bietet. Und schließlich bietet web3 ein demokratischeres und gerechteres Internet, in dem die Nutzer mehr Einfluss und Kontrolle über ihre Online-Erfahrungen haben, indem es ihnen die Kontrolle über ihre Online-Identität und ihre Vermögenswerte ermöglicht. Insgesamt sind die Auswirkungen von web3 weitreichend, und sein Potenzial, das Internet und die Gesellschaft zu verändern, ist immens.

Zusammenfassung

Web3 stellt eine neue Philosophie für das Internet dar. Diese geht von einer dezentralen Eigentumsstruktur aus und betrachtet die verschiedenen Akteure alle gleich. Manche sprechen auch von einer "Demokratisierung" des Internets, da die bestehenden Machtverhältnisse, zumindest theoretisch, so aufgelöst werden können.

DIE PROBLEME MIT DEM HEUTIGEN INTERNET
Die Probleme mit dem heutigen Internet

Das Internet hat die Art und Weise, wie wir kommunizieren, auf Informationen zugreifen und Geschäfte tätigen, verändert. Doch trotz seiner vielen Vorteile steht das heutige Internet vor mehreren Herausforderungen, die sein Potenzial begrenzen und sein Wachstum behindern. Eines der drängendsten Probleme ist die Zentralisierung, die einigen wenigen großen Unternehmen die Kontrolle über den größten Teil der Inhalte und Daten des Internets gibt. Diese Zentralisierung hat zu verschiedenen Datenschutz- und Sicherheitsproblemen, zu Zensur und zur Einschränkung des Zugangs zu Informationen geführt.

Zentralisierung des Internets

Das Internet wird von einigen wenigen großen Unternehmen beherrscht, die den Großteil der Inhalte und Daten kontrollieren. Diese Unternehmen sind zu Gatekeepern des Internets geworden und haben die Macht zu kontrollieren, welche Informationen verfügbar sind, wer Zugang zu ihnen hat und wie sie genutzt werden. Diese Zentralisierung hat zu mehreren Problemen geführt, darunter:

Zensur: Die Zentralisierung des Internets hat diesen Unternehmen die Macht gegeben, den Zugang zu Informationen zu zensieren und zu beschränken. Diese Zensur kann viele Formen annehmen, von der Sperrung des Zugangs zu Websites bis zur Filterung von Suchergebnissen. Die Zensur von Informationen kann auch erhebliche Auswirkungen auf die freie Meinungsäußerung und den Austausch von Ideen haben.

Bedenken in Bezug auf den Datenschutz: Die Zentralisierung des Internets hat auch zu erheblichen Bedenken hinsichtlich des Datenschutzes geführt. Große Unternehmen sammeln riesige Mengen personenbezogener Daten und nutzen sie für verschiedene Zwecke, darunter gezielte Werbung, Marktforschung und Datenanalyse. Diese Daten können auch an andere Unternehmen verkauft werden. In einigen Fällen können sie dazu verwendet werden, politische Entscheidungen zu beeinflussen.

Sicherheitsrisiken: Zentralisierte Systeme sind anfällig für Sicherheitsverletzungen, da sie von einer einzigen Stelle aus gesteuert werden. Hacker und Cyberkriminelle können diese zentralen Punkte ins Visier nehmen und sensible Informationen stehlen, was Einzelpersonen, Unternehmen und der Gesellschaft insgesamt erheblichen Schaden zufügen kann.

Die Probleme des Datenschutzes im heutigen Internet

Das Internet birgt auch erhebliche Risiken für die Privatsphäre von Einzelpersonen, Unternehmen und der Gesellschaft. Diese Risiken sind vor allem auf die Sammlung und Nutzung personenbezogener Daten durch große Unternehmen und die Anfälligkeit zentralisierter Systeme für Cyberangriffe zurückzuführen. Einige der wichtigsten Datenschutzprobleme, mit denen das Internet heute konfrontiert ist, sind:

Datenerfassung: Große Unternehmen sammeln große Mengen personenbezogener Daten von Nutzern, einschließlich ihres Browserverlaufs, ihrer Suchanfragen und ihrer Standortdaten. Diese Daten werden für verschiedene Zwecke verwendet, darunter gezielte Werbung, Marktforschung und Datenanalyse.

Datenverletzungen: Zentralisierte Systeme sind anfällig für Datenschutzverletzungen, die zum Diebstahl sensibler persönlicher Daten führen können. Diese Informationen können für böswillige Zwecke, wie Identitätsdiebstahl oder Finanzbetrug, verwendet werden.

Daten-Monetarisierung: Unternehmen vermarkten die von ihnen gesammelten personenbezogenen Daten, indem sie sie an andere Unternehmen verkaufen, die sie für verschiedene Zwecke nutzen. Dazu können gezielte Werbung, Marktforschung und Datenanalyse gehören.

Zusammenfassung

Das derzeitige Internet steht aufgrund von Zentralisierung und Datenschutzproblemen vor großen Herausforderungen. Diese Probleme schränken das Potenzial des Internets ein und behindern sein Wachstum. Sie stellen auch erhebliche Risiken für Einzelpersonen, Unternehmen und die Gesellschaft dar. Die nächste Generation des Internets, bekannt als web3, stellt einen Wechsel von einer zentralisierten zu einer dezentralisierten Architektur dar und hat das Potenzial, Lösungen für viele der drängendsten Probleme des derzeitigen Internets zu bieten. Indem es den Nutzern die Kontrolle über ihre Online-Präsenz und ihre Daten gibt, bietet web3 eine sicherere und vertrauenswürdigere Plattform für Kommunikation, Handel und Informationsaustausch.

DEZENTRALISIERUNG

Dezentralisierung

Das Internet hat die Welt in vielerlei Hinsicht verändert. Es hat jedoch auch einige Probleme mit sich gebracht, darunter Zentralisierung, Datenschutzbedenken und Sicherheitsrisiken. Eine neue Generation des Internets, bekannt als web3, ist entstanden, um diese Probleme zu lösen. Anders als das derzeitige Internet, das von einigen wenigen großen Unternehmen beherrscht wird, basiert web3 auf einer dezentralen Architektur, die es den Benutzern ermöglicht, ihre Online-Präsenz und ihre Daten zu kontrollieren.

Was ist Dezentralisierung?

Dezentralisierung bezieht sich auf ein System, in dem Macht und Entscheidungsbefugnis auf mehrere Akteure verteilt sind und nicht bei einer einzigen zentralen Behörde konzentriert sind. Im Internet bedeutet Dezentralisierung zum Beispiel, dass die Nutzer ihre Online-Identität und -Daten kontrollieren und sicher und vertrauensvoll mit dem Internet interagieren können.

Die dezentralisierte Architektur von web3

Web3 basiert auf einer dezentralen Architektur, die die Probleme des derzeitigen Internets lösen soll. Das Herzstück von web3 ist ein Netzwerk dezentraler Knoten, die über ein sicheres Peer-to-Peer (P2P) Protokoll miteinander verbunden sind. Dieses Netzwerk ermöglicht es den Nutzern, sicher und vertrauensvoll mit dem Internet und untereinander zu interagieren, ohne sich auf zentralisierte Vermittler zu verlassen.

Die Vorteile der Dezentralisierung

Die dezentralisierte Architektur von web3 bietet mehrere entscheidende Vorteile, darunter:

Sicherheit: Die Dezentralisierung verringert das Risiko von Sicherheitsverletzungen durch die Beseitigung einzelner Fehlerquellen. Da keine zentrale Behörde das Netzwerk kontrolliert, können Hacker und Cyberkriminelle nicht auf einen einzigen Punkt abzielen, um sensible Informationen zu stehlen.

Datenschutz: web3 ermöglicht es den Nutzern, ihre Online-Identität und -Daten zu kontrollieren und auf sichere und datenschutzfreundliche Weise mit dem Internet zu interagieren. Da keine zentrale Behörde persönliche Daten sammelt und monetarisiert, können die Nutzer ihre Informationen vor Drittunternehmen und Cyberkriminellen schützen.

Vertrauen: Die dezentrale Architektur von web3 ermöglicht es den Nutzern, auf der Grundlage von Vertrauen mit dem Internet und untereinander zu interagieren. Durch den Wegfall von Zwischenhändlern bietet web3 eine sicherere und vertrauenswürdigere Plattform für Kommunikation, Handel und Informationsaustausch.

Zensurresistent: web3 ist zensurresistent und bietet eine Plattform für die freie Meinungsäußerung und den Austausch von Ideen, selbst in Umgebungen, in denen Zensur vorherrschend ist.

Wirtschaftliche Befähigung: web3 bietet neue wirtschaftliche Möglichkeiten durch dezentralisierte Anwendungen und die Schaffung digitaler Vermögenswerte. Indem es den Nutzern ermöglicht, ihre Online-Identität und ihr Vermögen zu kontrollieren, bietet web3 ein demokratischeres und gerechteres Internet, in dem die Nutzer mehr Einfluss und Kontrolle über ihre Online-Erfahrung haben.

Die Nachteile der Dezentralisierung

Die Dezentralisierung hat mehrere Nachteile, unter anderem:

Mangelnde Skalierbarkeit: Dezentralisierte Systeme können aufgrund der schieren Anzahl der am Netz beteiligten Knotenpunkte oft langsam und ineffizient sein. Dies kann zu einem Mangel an Skalierbarkeit führen und es dezentralen Systemen erschweren, große Datenmengen und Transaktionen zu verarbeiten.

Mangelnde Sicherheit: Dezentrale Systeme können anfällig für Angriffe sein, da sie eine zentrale Behörde zur Regulierung und Sicherung des Netzes benötigen. Dies kann zu Sicherheitsverletzungen und dem Verlust sensibler Informationen führen.

Komplexität: Dezentrale Systeme können sehr komplex sein, insbesondere für Personen, die mit dieser Technologie nicht vertraut sind. Dies kann zu einer mangelnden Akzeptanz führen und das Wachstum und Potenzial dezentraler Systeme einschränken.

Fehlende Standardisierung: Dezentrale Systeme sind oft fragmentiert und nicht standardisiert, was zu Kompatibilitätsproblemen zwischen verschiedenen dezentralen Systemen führen kann. Dies kann die Fähigkeit dezentraler Systeme zur Interoperabilität und zum Informationsaustausch einschränken.

Fehlende Anreize: Dezentrale Systeme beruhen oft auf der Beteiligung und dem Beitrag der Gemeinschaft, was schwer zu fördern und aufrechtzuerhalten sein kann. Dies kann zu einem Mangel an individueller Beteiligung und Engagement führen, was das Wachstum und das Potenzial dezentraler Systeme einschränken kann.

Zusammenfassung

Web3 ist eine neue Generation des Internets, die auf einer dezentralen Architektur basiert. Diese Architektur bietet mehrere wichtige Vorteile, darunter Sicherheit, Datenschutz, Vertrauen, Zensurresistenz und wirtschaftliche Befähigung. Indem es den

Benutzern die Kontrolle über ihre Online-Präsenz und ihre Daten gibt, bietet web3 eine sicherere und vertrauenswürdigere Plattform für Kommunikation, Handel und Informationsaustausch. Die dezentrale Architektur von web3 stellt eine Abkehr vom zentralisierten, zwischengeschalteten Modell des derzeitigen Internets dar und hat das Potenzial, die Art und Weise, wie wir mit dem Internet und miteinander interagieren, zu revolutionieren.

DATENSCHUTZ IM WEB3

Datenschutz im web3

Das Internet ist zu einem festen Bestandteil unseres täglichen Lebens geworden. Es hat jedoch auch neue Bedenken hinsichtlich des Schutzes der Privatsphäre und Sicherheitsrisiken aufgeworfen. Mit dem Aufkommen von Big Data und der zunehmenden Nutzung personenbezogener Daten durch Unternehmen und Regierungen ist der Bedarf an einem sichereren und datenschutzfreundlicheren Internet noch dringender geworden. Eine neue Generation des Internets, bekannt als web3, ist entstanden, um diese Probleme anzugehen. Anders als das derzeitige Internet, das von einigen wenigen großen Unternehmen beherrscht wird, basiert web3 auf einer dezentralen Architektur, die es den Nutzern ermöglicht, ihre Online-Präsenz und ihre Daten zu kontrollieren.

Die Probleme mit dem Datenschutz im heutigen Internet

Das Internet wird von zentralen Vermittlern wie Social-Media-Plattformen, Suchmaschinen und E-Commerce-Seiten beherrscht. Diese Vermittler sammeln, speichern und vermarkten personenbezogene Daten, die verwendet werden können, um Nutzer mit personalisierter Werbung anzusprechen, an Datenbroker zu verkaufen oder an Regierungen weiterzugeben.

Neben den Bedenken hinsichtlich des Datenschutzes leidet das Internet auch unter Sicherheitsrisiken wie Datenschutzverletzungen, Hackerangriffen und Identitätsdiebstahl. Da die sensiblen Informationen von zentralen Vermittlern gespeichert werden, müssen die Nutzer darauf vertrauen, dass diese Unternehmen ihre Daten sicher aufbewahren. Dieses Vertrauen ist jedoch oft unangebracht, denn es hat sich wiederholt gezeigt, dass die Unternehmen anfällig für Sicherheitsverletzungen und Hackerangriffe sind.

Die datenschutzrechtlichen Vorteile von web3

Web3 wurde entwickelt, um die Datenschutz- und Sicherheitsprobleme des derzeitigen Internets zu lösen. Durch den Wegfall von Zwischenhändlern bietet web3 eine sicherere und datenschutzfreundlichere Plattform für Kommunikation, Handel und Informationsaustausch. Zu den entscheidenden Vorteilen von web3 in Bezug auf den Schutz der Privatsphäre gehören die folgenden:

Dateneigentum: web3 ermöglicht es den Nutzern, ihre persönlichen Daten selbst zu besitzen und zu kontrollieren, anstatt sie von zentralisierten Vermittlern sammeln und zu Geld machen zu lassen. Wenn die Nutzer die Kontrolle über ihre Daten haben, können sie entscheiden, wer Zugang zu ihnen hat und wie sie verwendet werden.

Technologien zur Wahrung der Privatsphäre: web3 basiert auf datenschutzfreundlichen Technologien, die die persönlichen Daten und Online-Aktivitäten der Nutzer schützen, wie z. B. Verschlüsselung und Anonymisierung.

Dezentralisierte Identität: web3 bietet Nutzern eine dezentrale Identität, mit der sie sicher und privat mit dem Internet und untereinander interagieren können. Damit entfällt für die Nutzer die Notwendigkeit, persönliche Informationen mit zentralen Vermittlern zu teilen, und das Risiko eines Identitätsdiebstahls wird verringert.

Sicherheit: Die Dezentralisierung verringert das Risiko von Sicherheitsverletzungen durch die Beseitigung einzelner Fehlerquellen. Da keine zentrale Behörde das Netzwerk kontrolliert, können Hacker und Cyberkriminelle nicht auf einen einzigen Punkt abzielen, um sensible Informationen zu stehlen.

Die Zukunft des Datenschutzes mit web3

Web3 steht für eine Abkehr vom zentralisierten, zwischengeschalteten Modell des derzeitigen Internets hin zu einer dezentralisierten, nutzergesteuerten Plattform. Da die Nutzer ihre Online-Identität und -Daten selbst kontrollieren, bietet web3 eine sicherere und datenschutzfreundlichere Plattform für Kommunikation, Handel und Informationsaustausch. Die weitere Entwicklung von web3 hat das Potenzial, die Art und Weise zu revolutionieren, wie wir über Datenschutz und Sicherheit im Internet denken.

Zusammenfassung

Der Bedarf an einem sicheren und datenschutzfreundlichen Internet war noch nie so groß wie heute, und web3 ist gut positioniert, um diesen Bedarf zu decken. Mit seiner dezentralen Architektur und datenschutzfreundlichen Technologien bietet web3 den Nutzern eine sichere und private Plattform für Kommunikation, Handel und Informationsaustausch. Indem es den Nutzern die Kontrolle über ihre Online-Identität und -Daten gibt, stellt web3 einen bedeutenden Schritt vorwärts in der Entwicklung des Internets und beim Schutz der persönlichen Privatsphäre und Sicherheit dar.

WIDERSTAND GEGEN ZENSUR
Widerstand gegen Zensur

In der heutigen Welt ist Zensur ein wachsendes Problem für viele Einzelpersonen und Organisationen, die auf das Internet angewiesen sind, um zu kommunizieren, Informationen auszutauschen und ihre Meinung zu äußern. Das Internet, das von einigen wenigen großen Unternehmen und zentralisierten Vermittlern beherrscht wird, hat es Regierungen und anderen mächtigen Akteuren erleichtert, Online-Inhalte zu überwachen und zu beschränken. Diese Zensur kann von der Sperrung des Zugangs zu Websites und Diensten über die Filterung oder Manipulation von Suchergebnissen bis hin zur Bestrafung von Personen reichen, die eine andere Meinung äußern.

Die Probleme mit der Zensur im heutigen Internet

Das derzeitige Internet ist nicht für den Schutz vor Zensur ausgelegt. Da zentralisierte Vermittler den Zugang zu Informationen und Kommunikation kontrollieren, können sie leicht von Regierungen und anderen Akteuren ins Visier genommen werden, um Inhalte zu beschränken oder zu entfernen. Dies kann eine abschreckende Wirkung auf die freie Meinungsäußerung haben und den Zugang zu Informationen für die Nutzer einschränken.

Neben der Zensur ist das Internet heute auch mit Problemen der Informationsmanipulation konfrontiert, z. B. mit Fake News und Propaganda, die über soziale Medien und andere Online-Kanäle verbreitet werden können. Diese Manipulation kann die öffentliche Meinung und den demokratischen Prozess erheblich beeinträchtigen.

Der Zensurwiderstand von web3

Web3 bietet eine zensurresistente Plattform für den Informationsaustausch mit einer dezentralen Architektur, die den Bedarf an Zwischenhändlern eliminiert. Diese dezentralisierte Struktur bietet mehrere Vorteile für die Zensurresistenz, darunter:

Dezentralisierte Infrastruktur: Da es keinen zentralen Kontrollpunkt gibt, ist web3 viel schwieriger zu zensieren als das derzeitige Internet. Regierungen und andere Akteure können nicht auf einen einzigen Punkt abzielen, um den Zugang zu Informationen und Kommunikation zu beschränken.

Verschlüsselung und Anonymisierung: web3 basiert auf Technologien zur Wahrung der Privatsphäre, die die persönlichen Daten und Online-Aktivitäten der Nutzer schützen, wie Verschlüsselung und Anonymisierung. Dadurch wird es für Regierungen und andere Akteure schwieriger, Inhalte zu überwachen und einzuschränken.

Dezentralisierte Identität: web3 bietet Nutzern eine dezentrale Identität, mit der sie sicher und privat mit dem Internet und untereinander interagieren können. Damit entfällt für die Nutzer die Notwendigkeit, persönliche Informationen mit zentralen Vermittlern zu teilen, was das Risiko der Zensur verringert.

Dezentralisierte Anwendungen: web3 wird von dezentralen Anwendungen (dapps) angetrieben, die nicht von einer einzigen Instanz kontrolliert werden. Regierungen oder andere Akteure müssen verhindern, dass sie abgeschaltet oder zensiert werden.

Die Zukunft des Zensurwiderstands mit web3

Web3 stellt einen bedeutenden Fortschritt im Kampf gegen die Zensur dar. Durch den Wegfall von Zwischenhändlern und die Bereitstellung einer dezentralen Plattform für den Informationsaustausch macht es web3 Regierungen und anderen Akteuren sehr viel schwerer, Online-Inhalte zu beschränken oder zu manipulieren. Darüber hinaus hat web3 mit seiner Weiterentwicklung das Potenzial, eine offenere und zugänglichere Plattform für die

Kommunikation und den Informationsaustausch zu bieten, die es den Nutzern ermöglicht, ihre Meinung zu äußern und ohne Angst vor Zensur auf Informationen zuzugreifen.

Zusammenfassung

Das Internet ist für die Kommunikation, den Informationsaustausch und die freie Meinungsäußerung unverzichtbar geworden. Dennoch ist es auch zu einem Instrument für Zensur und Informationsmanipulation geworden. web3 bietet eine Lösung für diese Probleme, indem es eine zensurresistente Plattform für den Informationsaustausch bereitstellt, die auf einer dezentralen Architektur aufbaut, die den Bedarf an Vermittlern eliminiert. Indem es den Nutzern die Kontrolle über ihre Online-Identität und -Daten gibt, stellt web3 einen bedeutenden Fortschritt im Kampf gegen Zensur und zum Schutz der freien Meinungsäußerung und des Zugangs zu Informationen dar.

VERTRAUEN UND SICHERHEIT
Vertrauen und Sicherheit

Auf wird das Vertrauen in das heutige Internet häufig durch Vermittler wie Banken, Zahlungsabwickler und zentrale Server hergestellt. Diese Vermittler fungieren als vertrauenswürdige Dritte, die Transaktionen überprüfen und persönliche Daten schützen. Diese Abhängigkeit von Zwischenhändlern schafft jedoch auch potenzielle Schwachstellen und Fehlerquellen. So können Zwischenhändler beispielsweise gehackt werden, ihren Betrieb einstellen oder Kundendaten missbrauchen, was zu finanziellen Verlusten und Verletzungen der Privatsphäre führen kann.

Die Probleme mit Intermediären im heutigen Internet

Das Internet basiert auf einer zentralisierten Architektur, die Vermittler benötigt, um Vertrauen aufzubauen und Transaktionen zu sichern. Infolgedessen ist dieses System für verschiedene Arten von Angriffen anfällig:

Hacks: Vermittler, die Zugang zu großen Mengen sensibler persönlicher und finanzieller Daten haben, sind ein Ziel für Hacker und Cyberkriminelle. Diese Angriffe können zu Datenverletzungen und finanziellen Verlusten führen.

Missbrauch von Kundendaten: Vermittler sammeln und speichern oft große Mengen an personenbezogenen Daten, die missbraucht oder ohne Zustimmung an Dritte verkauft werden können.

Ein einziger Fehlerpunkt: Da alle Transaktionen und Daten über einen einzigen Vermittler laufen, kann eine Verletzung oder ein Ausfall an diesem einzigen Punkt schwerwiegende Folgen für die Kunden haben.

Das Vertrauen und die Sicherheit von web3

Web3 macht Zwischenhändler überflüssig, indem es dezentralisierte Technologie verwendet, um Vertrauen zu schaffen und Transaktionen zu sichern. Diese dezentralisierte Architektur bietet mehrere Vorteile für Vertrauen und Sicherheit, darunter:

Dezentralisierte Ledger: web3 basiert auf dezentralen Ledgern, die über viele Knotenpunkte verteilt sind, wie z. B. die Blockchain. Dies macht Zwischenhändler überflüssig und bietet eine sichere und transparente Transaktionsplattform.

Verschlüsselung und Anonymisierung: web3 verwendet Technologien zur Wahrung der Privatsphäre, wie Verschlüsselung und Anonymisierung, um die persönlichen Daten und Transaktionen der Nutzer zu schützen.

Dezentralisierte Identität: web3 bietet Nutzern eine dezentralisierte Identität, mit der sie sicher und privat mit dem Internet und untereinander interagieren können. Dadurch müssen die Nutzer keine persönlichen Informationen mit Vermittlern teilen, was das Risiko von Datenschutzverletzungen und -missbrauch verringert.

Dezentralisierte Anwendungen: web3 wird von dezentralen Anwendungen (dapps) angetrieben, die nicht von einer einzelnen Einheit kontrolliert werden. Dies eliminiert das Risiko eines einzelnen Fehlerpunkts und gibt den Benutzern mehr Kontrolle über ihre Daten und Transaktionen.

Die Zukunft von Vertrauen und Sicherheit mit web3

Web3 stellt einen bedeutenden Fortschritt in Sachen Vertrauen und Sicherheit dar, indem es die Notwendigkeit von Zwischenhändlern beseitigt und eine dezentralisierte Plattform für Transaktionen bietet. Mit der Möglichkeit, Transaktionen und persönliche Informationen durch dezentrale Ledger, Verschlüsselung und dezentrale Identität zu sichern, bietet web3 eine sicherere Plattform für Transaktionen und Online-Interaktionen. Mit seiner weiteren Entwicklung hat web3 das Potenzial, ein vertrauenswürdigeres und sichereres Internet zu schaffen, das die Risiken von Datenschutzverletzungen und finanziellen Verlusten verringert.

Schlussfolgerung

Das derzeitige Internet stützt sich auf Vermittler, um Vertrauen aufzubauen und Transaktionen zu sichern. Dennoch ist dieses System anfällig für Datenschutzverletzungen, finanzielle Verluste und Verletzungen der Privatsphäre. web3 macht Zwischenhändler überflüssig, indem es dezentralisierte Technologie einsetzt, um Vertrauen zu schaffen und Transaktionen zu sichern. Dank dieser dezentralen Architektur haben die Nutzer mehr Kontrolle über ihre Daten und Transaktionen. Sie verringert das Risiko von Datenschutzverletzungen und finanziellen Verlusten. Durch die Bereitstellung einer sichereren Plattform für Transaktionen stellt web3 einen bedeutenden Fortschritt in Sachen Vertrauen und Sicherheit im Internet dar.

WIRTSCHAFTLICHES STÄRKUNG
Wirtschaftliches Stärkung

Das aktuelle Internet hat die Schaffung und den Austausch von Informationen in großem Umfang ermöglicht. Dennoch ist es noch nicht so erfolgreich, wenn es um die Schaffung und den Austausch von Werten geht. Das derzeitige Wirtschaftsmodell wird von zentralisierten Vermittlern wie Banken, Zahlungsabwicklern und Online-Marktplätzen beherrscht, die den Zugang zu Kapital kontrollieren und von den Nutzern Gebühren und Mieten verlangen. Dieses zentralisierte Wirtschaftsmodell hat zu wirtschaftlichen Ungleichheiten geführt und dazu, dass viele Menschen keinen Zugang zu Kapital und Finanzdienstleistungen haben.

Die Probleme mit dem derzeitigen Wirtschaftsmodell im Internet

Das derzeitige Wirtschaftsmodell im Internet ist durch mehrere Probleme gekennzeichnet, darunter:

Finanzielle Eingliederung: Das derzeitige Finanzsystem ist so konzipiert, dass viele Menschen vom Zugang zu Kapital und Finanzdienstleistungen ausgeschlossen sind. Über 1,7 Milliarden Menschen haben keine Bankverbindung und benötigen Zugang zu traditionellen Finanzdienstleistungen, was ihnen die Teilnahme an der Weltwirtschaft erschwert.

Gebühren-Intermediäre: Vermittler ziehen Gebühren und Mieten von den Nutzern ab und verringern so den geschaffenen und ausgetauschten Wert. Dieses Gebühren-Verhalten führt zu Ineffizienzen und verringert die wirtschaftlichen Auswirkungen des

Internets insgesamt.

Fehlende Eigentümerschaft und Kontrolle: Die Nutzer brauchen Eigentum und Kontrolle über ihre Daten und Vermögenswerte, die von zentralen Vermittlern kontrolliert werden. Dies schränkt die Möglichkeiten der Nutzer ein, ihre Daten und Vermögenswerte zu Geld zu machen, und verringert die wirtschaftlichen Auswirkungen des Internets insgesamt.

Die wirtschaftliche Stärkung durch web3

Web3 bietet ein neues dezentralisiertes Wirtschaftsmodell für die Schaffung und den Austausch von Werten, das die Notwendigkeit von Zwischenhändlern beseitigt und den Benutzern die Teilnahme an der globalen Wirtschaft ermöglicht. Dieses dezentralisierte Wirtschaftsmodell bietet mehrere Vorteile für die wirtschaftliche Befähigung, darunter:

Finanzielle Eingliederung: web3 bietet eine Plattform für finanzielle Eingliederung, die Menschen ohne Bankverbindung den Zugang zu Kapital und Finanzdienstleistungen ermöglicht. Dies eröffnet neue wirtschaftliche Möglichkeiten und ermöglicht den Menschen eine globale Teilhabe.

Dezentrales Finanzwesen (DeFi): web3 bietet eine Plattform für dezentralisierte Finanzen (DeFi), ein neues Finanzsystem, das auf dezentralisierter Technologie basiert. DeFi ermöglicht Nutzern den Zugang zu Finanzdienstleistungen wie Kreditvergabe, Kreditaufnahme und Investitionen ohne Vermittler.

Tokenisierung: web3 ermöglicht die Tokenisierung von Vermögenswerten, d. h. die Darstellung des Eigentums an einem Vermögenswert in Form eines digitalen Tokens. Die Tokenisierung ermöglicht es den Nutzern, ihre Vermögenswerte und Daten zu monetarisieren und so neue wirtschaftliche Möglichkeiten zu schaffen.

Dezentralisierte Anwendungen (dapps): web3 bietet eine Plattform für dezentralisierte Anwendungen (dapps), die nicht von einem einzelnen Unternehmen kontrolliert werden. dapps ermöglichen es den Nutzern, dezentral und vertrauenslos Werte zu schaffen und auszutauschen, wodurch der Bedarf an Zwischenhändlern reduziert und die wirtschaftliche Effizienz erhöht wird.

Die Zukunft der Wirtschaft mit web3

Web3 stellt einen bedeutenden Schritt nach vorn in der Wirtschaft dar, indem es ein neues dezentrales Wirtschaftsmodell für die Schaffung und den Austausch von Werten bietet. Durch die Ermöglichung von finanzieller Inklusion, dezentralem Finanzwesen, Tokenisierung und dezentralen Anwendungen bietet web3 eine Plattform für Menschen, die an der globalen Wirtschaft teilhaben und ihr Vermögen und ihre Daten zu Geld machen wollen. Mit seiner Weiterentwicklung hat web3 das Potenzial, ein inklusiveres und gerechteres Wirtschaftsmodell zu schaffen, das wirtschaftliche Ungleichheiten abbaut und Menschen in die Lage versetzt, Werte auf globaler Ebene zu schaffen und auszutauschen.

Zusammenfassung

Das derzeitige Wirtschaftsmodell im Internet wird von zentralen Zwischenhändlern beherrscht, die den Zugang zu Kapital kontrollieren und von den Nutzern Gebühren und Mieten verlangen. web3 bietet ein neues dezentralisiertes Wirtschaftsmodell für die Schaffung und den Austausch von Werten, das die Notwendigkeit von Zwischenhändlern beseitigt und den Nutzern die Teilnahme an der globalen Wirtschaft ermöglicht. Darüber hinaus ermöglicht dieses dezentrale Wirtschaftsmodell die finanzielle Integration.

DEZENTRALE ANWENDUNGEN
Dezentrale Anwendungen

Das Internet hat die Schaffung und den Austausch großer Mengen von Informationen ermöglicht. Doch bei der Schaffung und dem Austausch von Werten ist es noch nicht so erfolgreich. Das bestehende Wirtschaftsmodell wird von zentralisierten Zwischenhändlern wie Banken, Zahlungsabwicklern und Online-Marktplätzen beherrscht, die den Zugang zu Kapital kontrollieren und von den Nutzern Gebühren und Mieten verlangen. web3 bietet ein neues dezentralisiertes Wirtschaftsmodell für die Schaffung und den Austausch von Werten, das die Notwendigkeit von Zwischenhändlern beseitigt und den Benutzern die Teilnahme an der globalen Wirtschaft ermöglicht.

Eine der wichtigsten Komponenten des web3-Ökosystems sind dezentrale Anwendungen (dapps), d.h. Anwendungen, die auf einer dezentralen Plattform aufgebaut sind. dapps haben das Potenzial, verschiedene Branchen zu stören und neue wirtschaftliche Möglichkeiten zu eröffnen, indem sie es den Nutzern ermöglichen, auf dezentrale und vertrauenslose Weise Werte zu schaffen und auszutauschen.

Was sind dezentrale Anwendungen (dapps)?

Eine dezentrale Anwendung (dapp) ist eine Anwendung, die auf einer dezentralen Plattform wie der Ethereum-Blockchain aufbaut und in einem dezentralen Netzwerk von Knoten arbeitet. dapps werden nicht von einer einzelnen Instanz kontrolliert, sondern von einer Reihe von Regeln gesteuert, die in intelligenten Verträgen kodiert sind. Dadurch können Dapps auf vertrauenslose und transparente Weise arbeiten, ohne dass Vermittler erforderlich sind.

Die Vorteile von dezentralen Anwendungen (dapps)

Dapps bieten mehrere Vorteile gegenüber herkömmlichen zentralisierten Anwendungen, darunter:

Dezentralisierung: Dapps sind dezentralisiert und werden nicht von einem einzigen Unternehmen kontrolliert, was den Nutzern mehr Kontrolle über ihre Daten und Vermögenswerte gibt.

Sicherheit: Dapps arbeiten in einem dezentralen Netzwerk von Knotenpunkten, was sie weniger anfällig für Hackerangriffe und Sicherheitsverletzungen macht.

Vertrauenslosigkeit: Dapps arbeiten auf einer vertrauenslosen Plattform, wodurch die Notwendigkeit von Zwischenhändlern entfällt und das Risiko von Betrug und Korruption verringert wird.

Transparenz: Dapps arbeiten auf einer transparenten Plattform, die den Nutzern einen klaren Überblick darüber gibt, wie ihre Daten und Vermögenswerte verwendet werden.

Die Herausforderungen von dezentralen Anwendungen (dapps)

Dezentralisierte Anwendungen (dapps) haben mehrere Nachteile, darunter:

Komplexität: Dapps können komplex in der Nutzung und im Verständnis sein, insbesondere für Personen, die mit der Technologie nicht vertraut sind. Dies kann zu einer mangelnden Akzeptanz führen und das Wachstum und Potenzial von Apps einschränken.

Skalierbarkeit: Dapps können oft unter Skalierbarkeitsproblemen leiden, da sie auf dezentralen Netzwerken aufgebaut sind, die überlastet und langsam werden können. Dies kann es Dapps erschweren, große Datenmengen und Transaktionen zu verarbeiten, was ihr Potenzial einschränkt.

Sicherheit: Dapps können anfällig für Sicherheitsbedrohungen sein, da sie nicht über eine zentrale Behörde verfügen, die das Netzwerk reguliert und sichert. Dies kann zu Sicherheitsverletzungen und dem Verlust sensibler Informationen führen.

Fehlende Regulierung: Dapps werden oft auf dezentralen Netzwerken außerhalb des traditionellen Regulierungsrahmens aufgebaut. Dies kann zu einem Mangel an Rechenschaftspflicht führen und es Einzelpersonen erschweren, Streitigkeiten beizulegen oder im Falle eines Problems Schadensersatz zu verlangen. Dieser Mangel an Regulierung kann es Dapps erschweren, eine breite Akzeptanz und Legitimität zu erlangen.

Potenzielle Auswirkungen von dezentralen Anwendungen (dapps) auf verschiedene Branchen

dapps haben das Potenzial, verschiedene Branchen zu stören und neue wirtschaftliche Möglichkeiten zu eröffnen. Einige der Branchen, die wahrscheinlich von Dapps betroffen sein werden, sind:

Finanzdienstleistungen: Apps können die Finanzdienstleistungsbranche verändern, indem sie Nutzern den Zugang zu Finanzdienstleistungen wie Krediten, Darlehen und Investitionen ohne Vermittler ermöglichen. Dies senkt die Kosten für Finanzdienstleistungen und gibt den Nutzern mehr Kontrolle über ihr Vermögen und ihre Daten. Dezentrale Finanz-Apps (DeFi) beispielsweise ermöglichen es den Nutzern, am globalen Finanzmarkt teilzunehmen, ohne dass sie eine traditionelle Bank oder ein Finanzinstitut benötigen. DeFi-Plattformen wie Aave und Uniswap ermöglichen es den Nutzern, auf dezentrale und vertrauenslose Weise Vermögenswerte zu verleihen, zu leihen und zu handeln.

Spiele: Dapps können die Spieleindustrie umkrempeln, indem sie es den Nutzern ermöglichen, Vermögenswerte im Spiel auf dezentralisierte und vertrauenslose Weise zu besitzen und zu handeln. Dies schafft neue wirtschaftliche Möglichkeiten für Spieleentwickler und Nutzer. Das Blockchain-basierte Spiel CryptoKitties zum Beispiel ermöglicht es Nutzern, digitale Katzen zu züchten und zu handeln. Gleichzeitig ist Decentraland eine Virtual-Reality-Plattform, auf der Nutzer virtuelles Land kaufen und verkaufen, virtuelle Inhalte erstellen und monetarisieren sowie virtuellen Handel treiben können.

E-Commerce: Dapps haben das Potenzial, die E-Commerce-Branche zu stören, indem sie es den Nutzern ermöglichen, Waren und Dienstleistungen auf dezentrale und vertrauenslose Weise zu kaufen und zu verkaufen. Dies senkt die Kosten des elektronischen Handels und bietet den Nutzern mehr Kontrolle über ihre Daten und Vermögenswerte. Der dezentrale Marktplatz OpenBazaar zum Beispiel ermöglicht es den Nutzern.

Zusammenfassung

Zusammenfassend lässt sich sagen, dass dezentrale Anwendungen, die auf web3 aufbauen, das Potenzial haben, verschiedene Branchen zu revolutionieren und die Art und Weise zu verändern, wie wir mit Technologie umgehen. Dank ihrer dezentralen Architektur machen Dapps Zwischenhändler überflüssig, bieten mehr Datenschutz und Sicherheit und stellen ein neues, demokratischeres Modell für die Schaffung und den Austausch von Werten dar. Die Auswirkungen dieser Anwendungen müssen jedoch erst noch entdeckt werden. Je mehr Entwickler und Nutzer die web3-Technologie annehmen, desto mehr erwarten wir eine neue Innovationswelle, die den Status quo in Frage stellt und ein dezentraleres, gerechteres und sichereres Internet hervorbringt.

DIE ZUKUNFT DES WEB3

Die Zukunft des Web3

Die Zukunft von web3 ( ) ist vielversprechend, und mehrere Trends und Technologien werden seine Entwicklung in den kommenden Jahren bestimmen.

Werfen wir einen Blick auf die Themen, die web3 beherrschen werden

Dezentrales Finanzwesen (DeFi)

Das Wachstum von DeFi war in den letzten Jahren phänomenal, und es wird wahrscheinlich weiter zunehmen, da immer mehr Menschen die Vorteile von DeFi nutzen wollen. DeFi ermöglicht die Bereitstellung von Finanzdienstleistungen auf einer dezentralisierten und vertrauensfreien Plattform, wodurch die Notwendigkeit von Vermittlern entfällt und das Risiko von Zensur oder Einmischung verringert wird.

Nicht-fungible Token (NFTs)

NFTs sind einzigartige digitale Vermögenswerte, die auf einer Blockchain gespeichert sind. Sie haben in den letzten Jahren an Popularität gewonnen, insbesondere in der Kunstwelt. Die Zukunft von NFTs sieht rosig aus. Sie werden sich in den kommenden Jahren wahrscheinlich immer mehr durchsetzen, da immer mehr Menschen versuchen, ihre digitalen Kreationen und digitalen Vermögenswerte zu Geld zu machen.

Dezentralisierte autonome Organisationen (DAOs)

DAOs sind Organisationen, die nach einer Reihe von Regeln geführt werden, die als Smart Contracts auf einer Blockchain kodiert sind, und sie sind so konzipiert, dass sie dezentralisiert, transparent und sicher sind. Die Zukunft von DAOs sieht rosig aus, und sie werden sich wahrscheinlich immer mehr durchsetzen, da immer mehr Menschen versuchen, dezentralisierte Organisationen aufzubauen, die resistent gegen Zensur und Einmischung sind.

Interoperabilität

Interoperabilität bezieht sich auf die Fähigkeit verschiedener Blockchain-Plattformen, nahtlos zusammenzuarbeiten. Interoperabilität ist für die Zukunft des web3 von entscheidender Bedeutung, da sie es verschiedenen Blockchain-Plattformen ermöglicht, miteinander zu kommunizieren und Informationen auszutauschen, was zu mehr Effizienz, Skalierbarkeit und Innovation führt.

Skalierbarkeit

Skalierbarkeit ist eine große Herausforderung für web3 und bezieht sich auf die Fähigkeit einer Blockchain-Plattform, eine große Anzahl von Transaktionen und Nutzern zu verarbeiten, ohne langsam oder überlastet zu werden. Die Skalierbarkeit ist für die Zukunft von web3 von entscheidender Bedeutung, da sie über die Fähigkeit der Plattform entscheidet, reale Anwendungen zu unterstützen und eine breite Akzeptanz zu erreichen.

Datenschutz

Der Datenschutz ist für viele Menschen ein wichtiges Anliegen. Lösungen, die auf den Schutz der Privatsphäre ausgerichtet sind, werden wahrscheinlich immer beliebter werden, da die Menschen ihre Daten und digitalen Werte schützen wollen. web3-Plattformen müssen robuste Datenschutzlösungen bieten, die einfach zu bedienen sind und den Nutzern die Kontrolle über ihre Daten und digitalen Bestände ermöglichen.

Zusammenfassung

Zusammenfassend lässt sich sagen, dass die Zukunft des web3 vielversprechend und voller Potenzial ist, und dass verschiedene Trends und Technologien seine Entwicklung in den kommenden Jahren bestimmen werden. Dezentralisierte Finanzen, nicht-fungible Token, dezentralisierte autonome Organisationen, Interoperabilität, Skalierbarkeit und Datenschutz sind einige der wichtigsten Trends und Technologien, die die Zukunft von web3 prägen werden. Mit der weiteren Entwicklung von web3 wird ein offeneres, transparenteres und gerechteres Online-Ökosystem entstehen, in dem die Nutzer mehr Kontrolle und Eigentum über ihre Daten und digitalen Vermögenswerte haben werden.

INVESTITIONSMÖGLICHKEITEN
Investitionsmöglichkeiten

Die Investitionsmöglichkeiten in web3 und die zugrundeliegende Technologie ziehen die Aufmerksamkeit eines breiten Spektrums von Anlegern auf sich, von Privatpersonen bis hin zu institutionellen Investoren. Das Potenzial für Wachstum und Innovation im web3-Bereich ist immens und hat eine neue Anlageklasse geschaffen: web3-Investitionen. In diesem Kapitel werden wir die Investitionsmöglichkeiten in web3 und die zugrunde liegende Technologie analysieren.

Web3 Anlagethemen

Der web3-Bereich entwickelt sich rasch weiter, und es gibt mehrere wichtige Anlagethemen, die Anleger beachten sollten. Zu diesen Themen gehören:

Dezentrale Finanzierung (DeFi)

Das dezentrale Finanzwesen ist ein neues, auf der Blockchain-Technologie basierendes Finanzsystem, das es Einzelpersonen ermöglicht, ohne Vermittler an den Finanzmärkten teilzunehmen. DeFi hat erhebliche Investitionen angezogen und ist einer der vielversprechendsten Wachstumsbereiche im web3-Bereich.

Dezentralisierte Identität

Die dezentralisierte Identität ist eine neue Art der Verwaltung persönlicher Informationen und Daten, bei der die Notwendigkeit von Vermittlern entfällt. Dies kann die Art und Weise, wie Menschen mit dem Internet interagieren, verändern und zieht erhebliche Investitionen an.

Dezentralisierte soziale Medien

Dezentrale soziale Medien sind eine neue Art der Online-Interaktion, bei der die Notwendigkeit von Vermittlern entfällt. Dieses Thema kann die Art und Weise, wie Menschen online miteinander interagieren, verändern und zieht erhebliche Investitionen an.

Dezentrale Marktplätze

Dezentrale Marktplätze sind eine neue Art des Kaufs und Verkaufs von Waren und Dienstleistungen, bei der die Notwendigkeit von Zwischenhändlern entfällt. Dieses Thema kann die Art und Weise, wie Menschen mit dem Internet interagieren, verändern und zieht erhebliche Investitionen an.

Investitionsvehikel

Für Personen, die in web3 und die zugrundeliegende Technologie investieren möchten, stehen mehrere Anlageinstrumente zur Verfügung. Zu diesen Vehikeln gehören:

Kryptowährungsbörsen

Kryptowährungsbörsen ermöglichen Privatpersonen den Kauf und Verkauf von Kryptowährungen. Sie sind eine der beliebtesten Anlageformen für web3-Investitionen.

Dezentrale Börsen (DEXs)

Dezentrale Börsen ermöglichen es Einzelpersonen, Kryptowährungen ohne Vermittler zu kaufen und zu verkaufen. Sie erfreuen sich zunehmender Beliebtheit als Mittel zur Investition in web3 und die zugrunde liegende Technologie.

Initial Coin Offerings (ICOs)

Initial Coin Offerings sind eine Möglichkeit für Unternehmen, durch die Emission neuer Kryptowährungen Kapital zu beschaffen. Sie erfreuen sich zunehmender Beliebtheit als Mittel zur Investition in web3 und die zugrunde liegende Technologie.

Risiken und Überlegungen

Eine Investition in web3 und die zugrunde liegende Technologie ist nicht ohne Risiko. Es gibt mehrere Hauptrisiken und Überlegungen, die Anleger beachten sollten, darunter:

Regulatorisches Risiko

Das regulatorische Umfeld für web3 und die zugrunde liegende Technologie ist unsicher und kann sich ändern. Dies schafft ein regulatorisches Risiko für Investoren.

Liquiditätsrisiko

Die Liquidität von web3-Anlagen ist ungewiss und kann sich ändern. Dadurch entsteht ein Liquiditätsrisiko für die Anleger.

Technologisches Risiko

Die web3 zugrundeliegende Technologie entwickelt sich rasch weiter und ist Veränderungen unterworfen. Dadurch entsteht ein technologisches Risiko für die Anleger.

Wie kann man in web3 investieren?

Investitionen in web3 können eine vielversprechende Gelegenheit sein. Dennoch kann es für diejenigen, die mit dieser Technologie noch nicht vertraut sind, auch ein komplexer und schwieriger Prozess sein. Hier sind einige Schritte, die Sie befolgen können, um in web3 zu investieren:

Recherche: Bevor Sie in einen Vermögenswert investieren, sollten Sie gründliche Recherchen durchführen und die Grundlagen der Technologie verstehen. Im Fall von web3 sollten Sie sich mit dezentralen Netzwerken, der Blockchain-Technologie und verschiedenen web3-Assets wie dezentralen Anwendungen (dapps) und web3-Tokens vertraut machen.

Legen Sie Ihre Anlageziele fest: Es ist wichtig, dass Sie Ihre Ziele festlegen, bevor Sie eine Investition tätigen. Wollen Sie zum Beispiel Ihre Investitionen langfristig halten oder streben Sie kurzfristige Gewinne an? So können Sie bestimmen, welche Anlagen am besten zu Ihrer Anlagestrategie passen.

Wählen Sie eine zuverlässige Börse: Um in web3-Vermögenswerte zu investieren, müssen Sie eine zuverlässige Börse wählen, an der Sie diese Vermögenswerte kaufen, verkaufen und handeln können. Suchen Sie nach einer Börse, die einen guten Ruf hat, reguliert ist und angemessene Sicherheitsmaßnahmen zum Schutz Ihrer Vermögenswerte bietet. Eine gute Ausgangsbasis wäre OpenSea oder Coinbase.

Wählen Sie Ihre Vermögenswerte: Nachdem Sie eine Börse ausgewählt haben, können Sie die web3-Assets auswählen, in die Sie investieren möchten. Dies kann Dapps, web3-Token und andere dezentralisierte Vermögenswerte umfassen. Bevor Sie sich entscheiden, sollten Sie unbedingt Faktoren wie das Wachstumspotenzial des Vermögenswerts, die Adoptionsrate und die Unterstützung der Community berücksichtigen.

Diversifizieren Sie Ihr Portfolio: Diversifizierung ist bei Investitionen in jede Anlageklasse von entscheidender Bedeutung, und web3 bildet da keine Ausnahme. Ziehen Sie in Erwägung, in eine Mischung aus verschiedenen web3-Anlagen zu investieren, um das Risiko zu verringern und Ihre Erfolgschancen zu erhöhen.

Behalten Sie den Markt im Auge: Wie jede Anlageklasse kann auch der Wert von web3-Anlagen durch die Marktbedingungen und andere externe Faktoren beeinflusst werden. Daher ist es wichtig, den Markt im Auge zu behalten und über die neuesten Entwicklungen im web3-Bereich informiert zu bleiben.

Holen Sie sich professionellen Rat: Wenn Sie zum ersten Mal investieren oder sich unsicher fühlen, sollten Sie sich von einem Finanzberater oder einer sachkundigen Person im web3-Bereich beraten lassen.

Eine Investition in web3 kann eine vielversprechende Gelegenheit sein. Dennoch ist es wichtig, vorsichtig vorzugehen und alle beteiligten Faktoren zu berücksichtigen. Wenn Sie gründlich recherchieren, Ihre Anlageziele festlegen, eine zuverlässige Börse wählen und sich professionell beraten lassen, können Sie Ihre Erfolgschancen bei Investitionen in web3 erhöhen.

Zusammenfassung

Zusammenfassend lässt sich sagen, dass die Investitionsmöglichkeiten in web3 und die zugrundeliegende Technologie die Aufmerksamkeit eines breiten Spektrums von Investoren auf sich ziehen. Das Wachstums- und Innovationspotenzial im web3-Bereich ist immens und hat eine neue Anlageklasse geschaffen: web3-Investitionen. Für Personen, die in web3 und die zugrundeliegende Technologie investieren möchten, stehen mehrere Anlageinstrumente zur Verfügung, darunter Kryptowährungsbörsen, dezentrale Börsen, Initial Coin Offerings und Risikokapitalfonds.

TECHNISCHE ASPEKTE VON WEB3
Technische Aspekte von web3

Im Gegensatz zu, dem traditionellen Web, das zentralisiert ist und von einigen wenigen mächtigen Entitäten kontrolliert wird, basiert web3 auf einem dezentralisierten Netzwerk von Knotenpunkten, das ein offeneres, transparenteres und sichereres Internet ermöglicht. In diesem Kapitel werden wir uns mit den technischen Aspekten von web3 befassen und untersuchen, wie sie zu seinem Potenzial als neue Internet-Infrastruktur beitragen.

Die zugrundeliegende Technologie von web3: Blockchain

Web3 basiert auf der Blockchain-Technologie, einem dezentralen Register (Ledger), das Transaktionen sicher und transparent aufzeichnet. In einer Blockchain werden die Transaktionen von einem Netzwerk von Knotenpunkten und nicht von einer zentralen Behörde überprüft und verarbeitet. So entsteht eine fälschungssichere Aufzeichnung von Transaktionen, die öffentlich zugänglich ist und von jedermann überprüft werden kann.

Eine der beliebtesten Blockchain-Technologien, die im web3 verwendet werden, ist die Ethereum-Blockchain. Ethereum ist eine dezentralisierte Plattform, die es Entwicklern ermöglicht, dezentralisierte Anwendungen (dapps) in ihrem Netzwerk zu erstellen und einzusetzen. Ethereum verfügt auch über eine eigene Kryptowährung, Ether (ETH), die als Zahlungsmittel für

Transaktionsgebühren und Berechnungsdienste im Netzwerk verwendet wird.

Dezentrale Anwendungen (dapps)

Dezentralisierte Anwendungen (dapps) sind das Rückgrat der web3-Infrastruktur. Es handelt sich dabei um Anwendungen, die in einem dezentralen Netzwerk ausgeführt werden, wodurch eine zentrale Behörde zur Kontrolle und Regulierung der Anwendung überflüssig wird. Dies führt zu einer offeneren, transparenteren und sichereren Anwendung, die resistent gegen Zensur und Datenschutzverletzungen ist.

Dapps basieren in der Regel auf der Blockchain-Technologie und reichen von einfachen Anwendungen wie dezentralen Marktplätzen bis zu komplexen Anwendungen wie dezentralen autonomen Organisationen (DAOs). Einige berühmte Beispiele für Dapps im web3-Bereich sind Uniswap, eine dezentrale Börse für den Handel mit Kryptowährungen, und Compound, eine dezentrale Kredit- und Darlehensplattform.

Web3-Tokens

Web3-Tokens sind digitale Vermögenswerte, die als Zahlungsmittel oder als Eigentumsnachweis innerhalb einer App verwendet werden können. Sie basieren in der Regel auf der Blockchain-Technologie, werden ausgegeben und an dezentralen Börsen gehandelt. Einige bekannte Beispiele für web3-Token sind Ether (ETH), die native Kryptowährung der Ethereum-Blockchain, und DeFi-Token, die zur Darstellung von Eigentum in dezentralen Finanzanwendungen (DeFi) verwendet werden.

Web3-Tokens haben mehrere Vorteile gegenüber herkömmlichen Kryptowährungen wie Bitcoin. Zum Beispiel sind web3-Token flexibler und repräsentieren ein breiteres Spektrum an Vermögenswerten, wie Immobilien oder Aktien. Sie sind auch interoperabler, so dass sie leicht gehandelt und innerhalb verschiedener Dapps im web3-Netzwerk verwendet werden können.

Web3 Identität

Die web3-Identität ist ein wichtiger Aspekt der web3-Infrastruktur, die dem Einzelnen die Kontrolle über seine persönlichen Daten und seine Privatsphäre geben soll. Im herkömmlichen Web werden personenbezogene Daten häufig von zentralen Stellen gespeichert und können leicht abgerufen und für gezielte Werbung und andere Zwecke verwendet werden.

Im Gegensatz dazu ermöglicht die web3-Identität dem Einzelnen, seine persönlichen Daten zu besitzen und zu kontrollieren, die in einem dezentralisierten Netz gespeichert und mit seiner Erlaubnis abgerufen werden können. Dies führt zu einem sichereren und privateren Internet, in dem der Einzelne die Kontrolle über seine persönlichen Daten hat und entscheiden kann, wer Zugang zu ihnen hat.

Web3-Identität wird in der Regel durch dezentrale Identitätsprotokolle (DID) umgesetzt, die es Einzelpersonen ermöglichen, ihre eigene digitale Identität auf der Blockchain zu erstellen und zu verwalten. Dies führt zu einem sichereren und privateren Internet, in dem der Einzelne seine persönlichen Daten kontrollieren und entscheiden kann, wer Zugriff darauf hat.

Zusammenfassung

Web3 ist eine neue, spannende Internet-Infrastruktur, die ein offeneres, sichereres und transparenteres Internet für Privatpersonen und Unternehmen bietet. Seine technischen Aspekte, einschließlich Blockchain-Technologie, dezentralisierte Anwendungen, web3-Token und web3-Identität, tragen zu seinem Potenzial als neue und verbesserte Internet-Infrastruktur bei. Die dezentrale Natur von web3 ermöglicht mehr Privatsphäre, Sicherheit und Freiheit für Privatpersonen und Unternehmen, und sein flexibles und interoperables Design ermöglicht eine breite Palette von Anwendungen und Anwendungsfällen.

Die web3-Infrastruktur befindet sich jedoch noch in einem frühen Entwicklungsstadium, und einige Herausforderungen, wie Skalierbarkeit und Benutzerakzeptanz, müssen noch bewältigt werden. Dennoch ist das Potenzial von web3 immens, und es hat das Potenzial, die Art und Weise, wie wir mit dem Internet und untereinander interagieren, zu verändern.

Es wird interessant sein zu beobachten, wie sich web3 weiterentwickelt und wie es sich auf verschiedene Branchen und die Welt auswirkt. Es ist eine vielversprechende Zukunft, und die technischen Aspekte des web3 werden eine entscheidende Rolle bei der Bestimmung seines Erfolgs spielen.

WEB3 PROBLEME UND RISIKEN

web3 Probleme und Risiken

Während web3 das Potenzial hat, das Internet zu revolutionieren und eine Reihe von Vorteilen gegenüber den derzeitigen zentralisierten Systemen zu bieten, birgt es auch Risiken und Herausforderungen.

Dieses Kapitel soll einen umfassenden Überblick über die potenziellen Probleme und Risiken im Zusammenhang mit web3 geben, darunter Sicherheitsbedenken, Skalierbarkeitsprobleme und rechtliche Herausforderungen. Es wird auch auf mögliche Nachteile dezentraler Systeme eingehen, wie etwa die Schwierigkeiten bei der Rückgängigmachung von Transaktionen und das Fehlen einer zentralen Kontrolle.

Sicherheitsprobleme

Eines der größten Risiken im Zusammenhang mit web3 ist die Sicherheit. Da web3 auf dezentralen Netzwerken beruht, ist es anfällig für böswillige Akteure, die versuchen könnten, Schwachstellen im System auszunutzen. So könnten Hacker beispielsweise Smart Contracts, den Code für dezentrale Anwendungen, angreifen und Gelder stehlen oder Transaktionen manipulieren.

Darüber hinaus besteht das Risiko von 51%-Angriffen, bei denen eine einzelne Einheit oder eine Gruppe von Einheiten mehr als die Hälfte der Rechenleistung des Netzwerks kontrolliert. Dies ermöglicht es ihnen, das Netzwerk zu manipulieren, Münzen doppelt auszugeben und die Validierung von Transaktionen zu stören.

Fragen der Skalierbarkeit

Eine weitere Herausforderung für web3 ist die Skalierbarkeit. Dezentrale Systeme sind von Natur aus langsamer und weniger effizient als zentrale Systeme, da sie auf viele Knotenpunkte angewiesen sind, um Transaktionen zu validieren. Dies kann zu langsamen Transaktionsverarbeitungszeiten und hohen Gebühren führen, was es für web3 schwierig macht, viele Transaktionen zu verarbeiten.

Um Skalierbarkeitsprobleme zu lösen, erforschen und implementieren web3-Netzwerke kontinuierlich neue Technologien, wie z. B. Sharding und Off-Chain-Transaktionen, um die Effizienz zu steigern und die Anzahl der für die Validierung von Transaktionen erforderlichen Knoten zu verringern.

Regulatorische Herausforderungen

Web3 ist noch eine relativ neue und unerprobte Technologie, die regulatorischer Unsicherheit unterliegt. Regierungen und Aufsichtsbehörden könnten versuchen, web3 und die ihm zugrunde liegende Technologie, einschließlich Kryptowährungen, zu beschränken, um Geldwäsche und andere illegale Aktivitäten zu verhindern.

Darüber hinaus bedeutet die dezentrale Natur von web3, dass es schwer zu regulieren ist, was es zu einem potenziellen Ziel für Regulierungsbehörden macht, die Online-Transaktionen kontrollieren und überwachen wollen.

Mangel an zentraler Kontrolle

Einer der Vorteile von web3 ist seine dezentralisierte Architektur, die den Bedarf an Zwischenhändlern beseitigt und eine sicherere Plattform für Transaktionen bietet. Das Fehlen einer zentralen Kontrolle kann jedoch unter bestimmten Umständen auch ein Nachteil sein.

Angenommen, ein Benutzer verliert den Zugang zu seinem privaten Schlüssel, dem kryptografischen Schlüssel, der den Zugriff auf seine web3-Assets ermöglicht. In diesem Fall muss es eine zentrale Stelle geben, die ihm hilft, seine Gelder wiederzuerlangen. Außerdem gibt es im Falle eines Fehlers oder einer Schwachstelle im Code einer dezentralen Anwendung möglicherweise keine zentrale Instanz, die das Problem beheben könnte, so dass die Benutzer einem Risiko ausgesetzt wären.

Zusammenfassung

Zusammenfassend lässt sich sagen, dass web3 zwar das Potenzial hat, das Internet zu revolutionieren und eine Reihe von Vorteilen gegenüber den derzeitigen zentralisierten Systemen zu bieten, dass es aber auch seine Risiken und Herausforderungen hat. Sicherheit, Skalierbarkeit, regulatorische Herausforderungen und das Fehlen einer zentralen Kontrolle sind allesamt potenzielle Nachteile, die von jedem, der am web3-Ökosystem teilnehmen möchte, berücksichtigt werden müssen.

Es ist wichtig, die Technologie und die Projekte, in die investiert wird, gründlich zu untersuchen und zu verstehen und sich mit den damit verbundenen Risiken vertraut zu machen. Auf diese Weise kann der Einzelne fundierte Entscheidungen treffen und die potenziellen Risiken im Zusammenhang mit web3 minimieren.

SCHLUSSFOLGERUNG
Schlussfolgerung

Dieses Buch gab Ihnen einen Überblick über web3. Diese dezentrale Technologie zielt darauf ab, die Probleme der Zentralisierung und des Datenschutzes im derzeitigen Internet zu lösen. In diesen Kapiteln werden verschiedene Themen behandelt, darunter die Grundlagen der dezentralen Technologie, die Vorteile der Dezentralisierung, der Schutz der Privatsphäre der Nutzer, die Widerstandsfähigkeit gegen Zensur, Vertrauen und Sicherheit, die Stärkung der Wirtschaft, dezentrale Anwendungen, die Zukunft von web3, Investitionsmöglichkeiten und die technischen Aspekte von web3. Darüber hinaus gibt es ein Kapitel über die potenziellen Probleme und Risiken der dezentralen Technologie, einschließlich der Herausforderungen und Nachteile von web3. Diese Kapitel bieten einen umfassenden Überblick über web3 und die zugrunde liegende Technologie. Sie richten sich an Anfänger, die die Grundlagen dieses spannenden und sich schnell entwickelnden Bereichs verstehen wollen.

Ich hoffe, Sie haben dieses Buch gerne gelesen. Wenn ja, würde ich mich über eine Rezension auf Amazon freuen. Wenn Sie mir etwas mitteilen möchten, schicken Sie mir bitte eine E-Mail an ralph@kuepper.io.

www.ingramcontent.com/pod-product-compliance
Lightning Source LLC
Chambersburg PA
CBHW070321220526
45465CB00013B/2017